王曼昱·坚韧的力量

《乒乓世界》编辑部 编著

这里，
群星闪耀

乒坛典藏·绽放巴黎

人民体育出版社

乒 坛 典 藏 · 绽 放 巴 黎

引子

  王曼昱的两次奥运之旅都不平静。

  2021年的东京，作为"P卡选手"的她坐在看台上看完了混双和单打比赛，在团体赛开赛前临危受命，替补因伤退赛的队友刘诗雯。这是王曼昱第一次站上奥运会的赛场，也是中国乒乓球队历史上第一次启动奥运会P卡。机会向来偏向准备充分的人，王曼昱出色地完成任务，她也由此在奥运冠军榜上写下了自己的名字。

  自那之后，王曼昱进入爆发期，一跃成为国家队的主力队员。全运会女单冠军和休斯敦世乒赛女单冠军这两个分量极重的冠军，让她在巴黎周期迎来了梦幻般的开局。然而三年里状态的起伏使她的成绩难言稳定，尽管她被外界认为是这次巴黎奥运会单打名额的有力竞争者，但她却在最后时刻的选拔系列积分赛里表现不佳，彻底无缘单打名额。

巴黎奥运会，王曼昱又是坐在看台上看完了混双和单打比赛，才轮到她登场。与三年前不同的是，这一次她已经做好了更充分的准备。正如她在落选单打时所说的："机会没有把握住确实遗憾，但能够代表中国队参加团体赛也是自己的荣耀。"

团体四战，她努力让自己一直专注到每一分，一分分去拼、去咬，最终为球队贡献八分。在比赛的最后阶段，拿下冠军点的她尽情释放。这次，她在赛场上展示出越来越稳重的大将风范，让所有人无不为她称赞，这又何尝不是她备战巴黎奥运这三年来的生动写照。

强大且坚韧，也许正是一路坎坷送给王曼昱最珍贵的礼物。她曾在接受采访时说，当她想要松口气、想要歇一歇的时候，就会把经历过的痛苦和煎熬都拿出来想一想，于是不敢停下脚步，就这样推着自己向前走。她也曾在兜兜转转、卡于瓶颈的时候陷入怀疑和迷茫，但内心深处仍然有一个声音在告诉她——你可以完成。这个声音，在巴黎之后会一直激励着她，向着目标更加努力。从成长到成功，王曼昱就是坚韧最好的代名词。

3

目录 CONTENTS

PING PONG

女 团　WOMEN'S TEAMS

1/8 决赛　／ 003

1/4 决赛　／ 013

半决赛　／ 021

决赛　／ 031

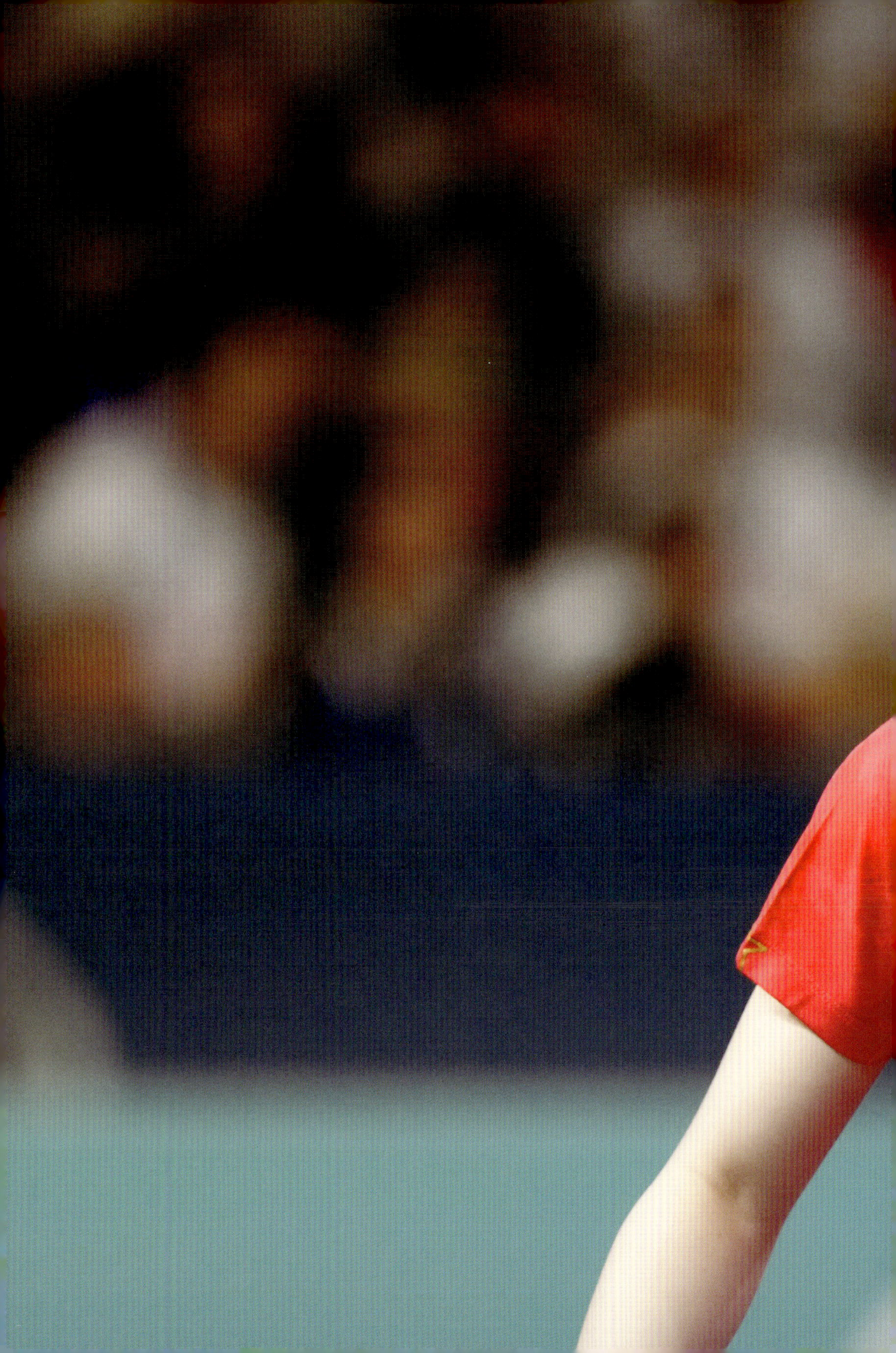

001

女 团

WOMEN'S TEAMS

1 / 8 决赛

>>> **2024 / 8 / 5**

王曼昱在巴黎奥运首秀上展现出极佳的竞技状态和稳定的心理素质。

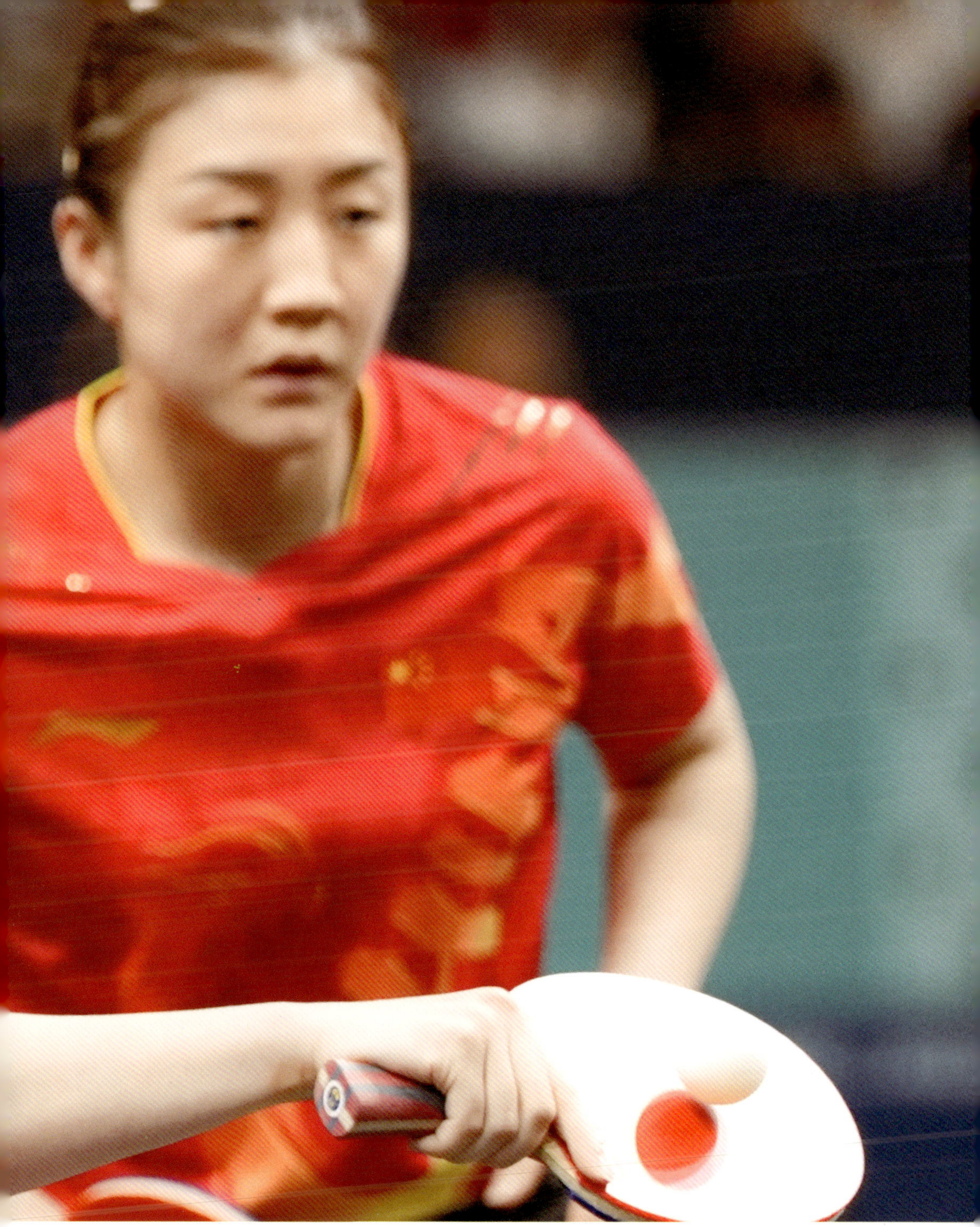

王曼昱在双打中与陈梦配合默契，速胜埃及组合。

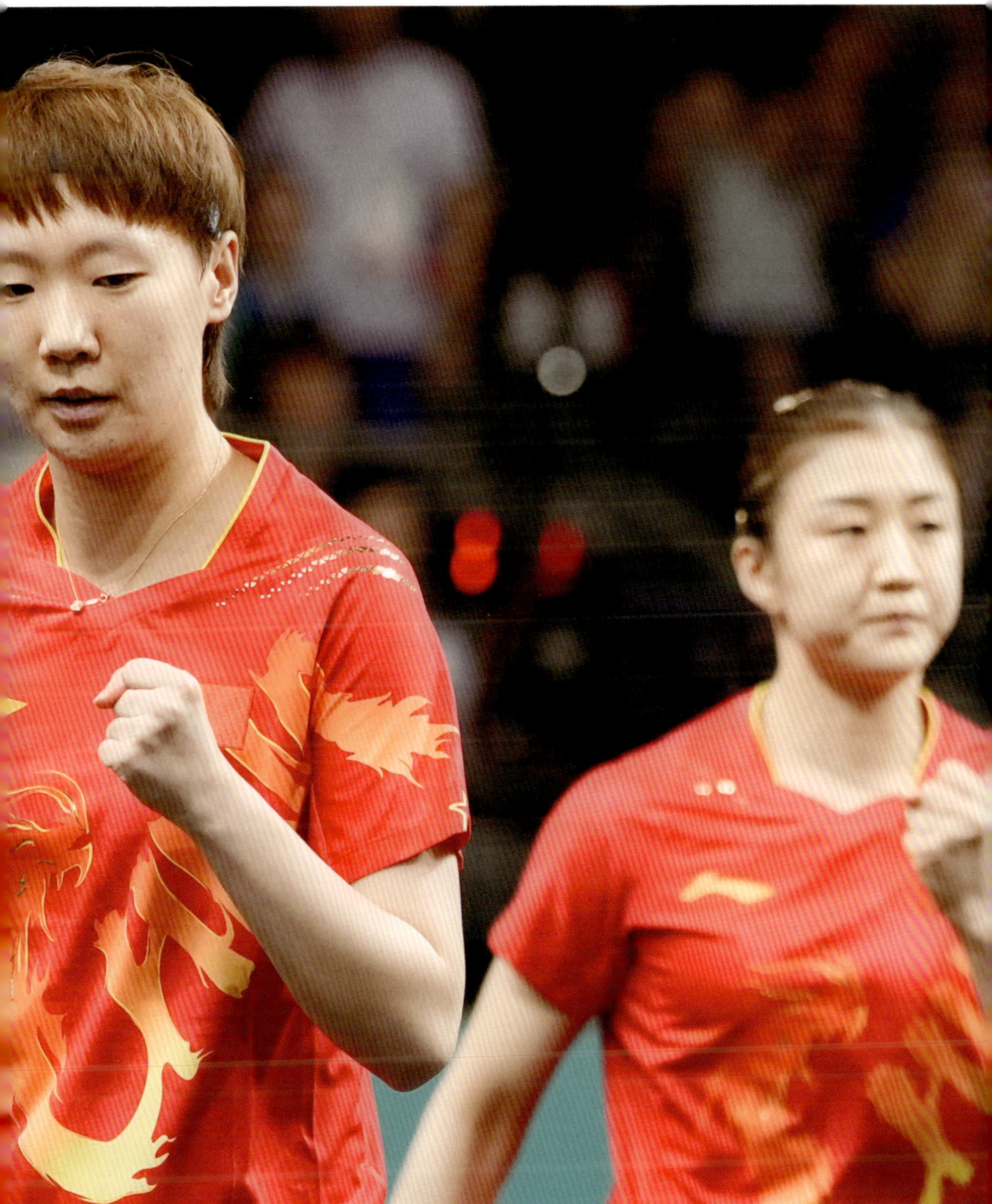

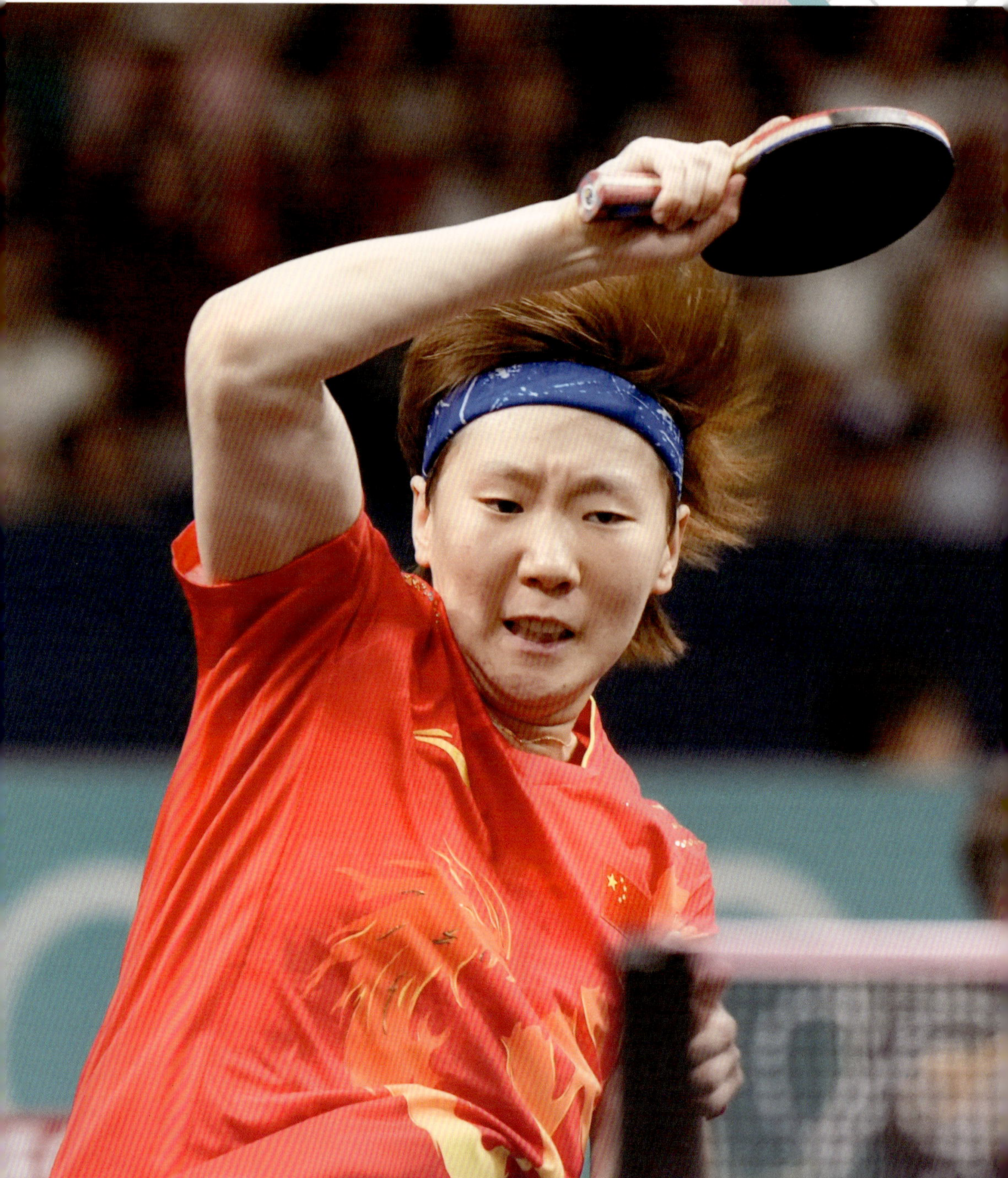

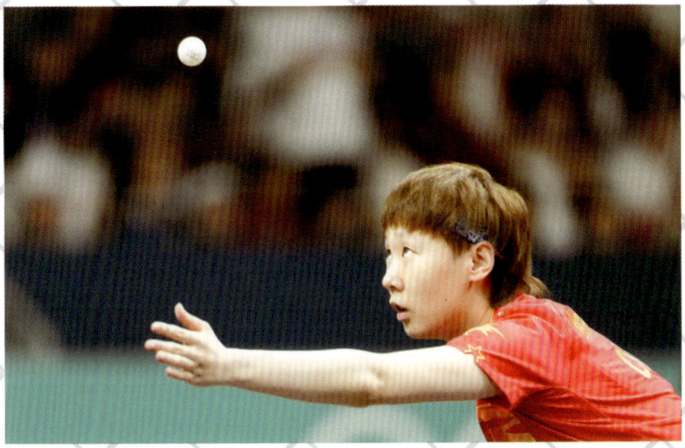

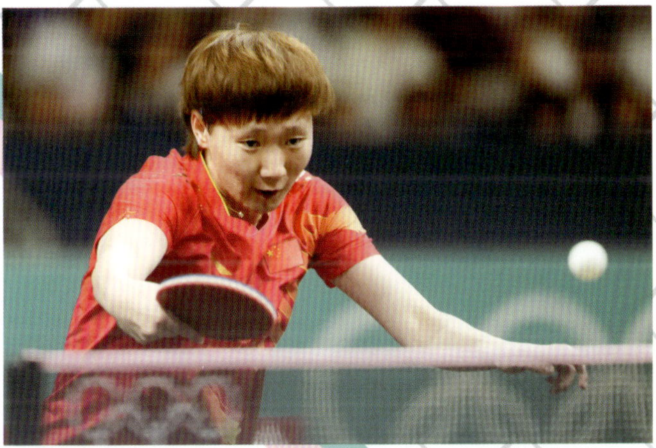

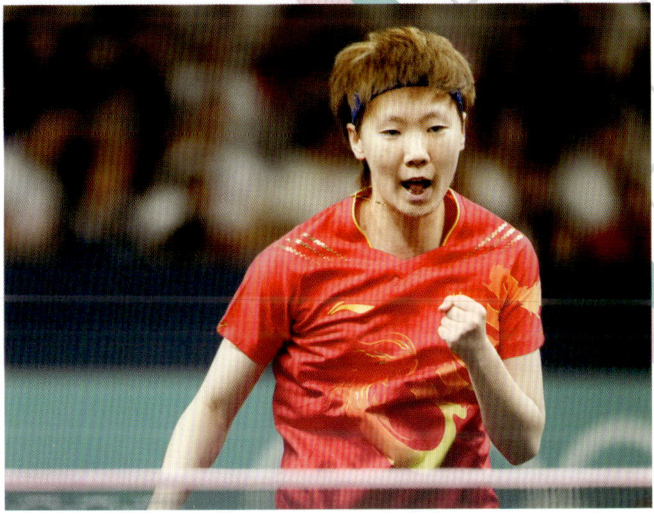

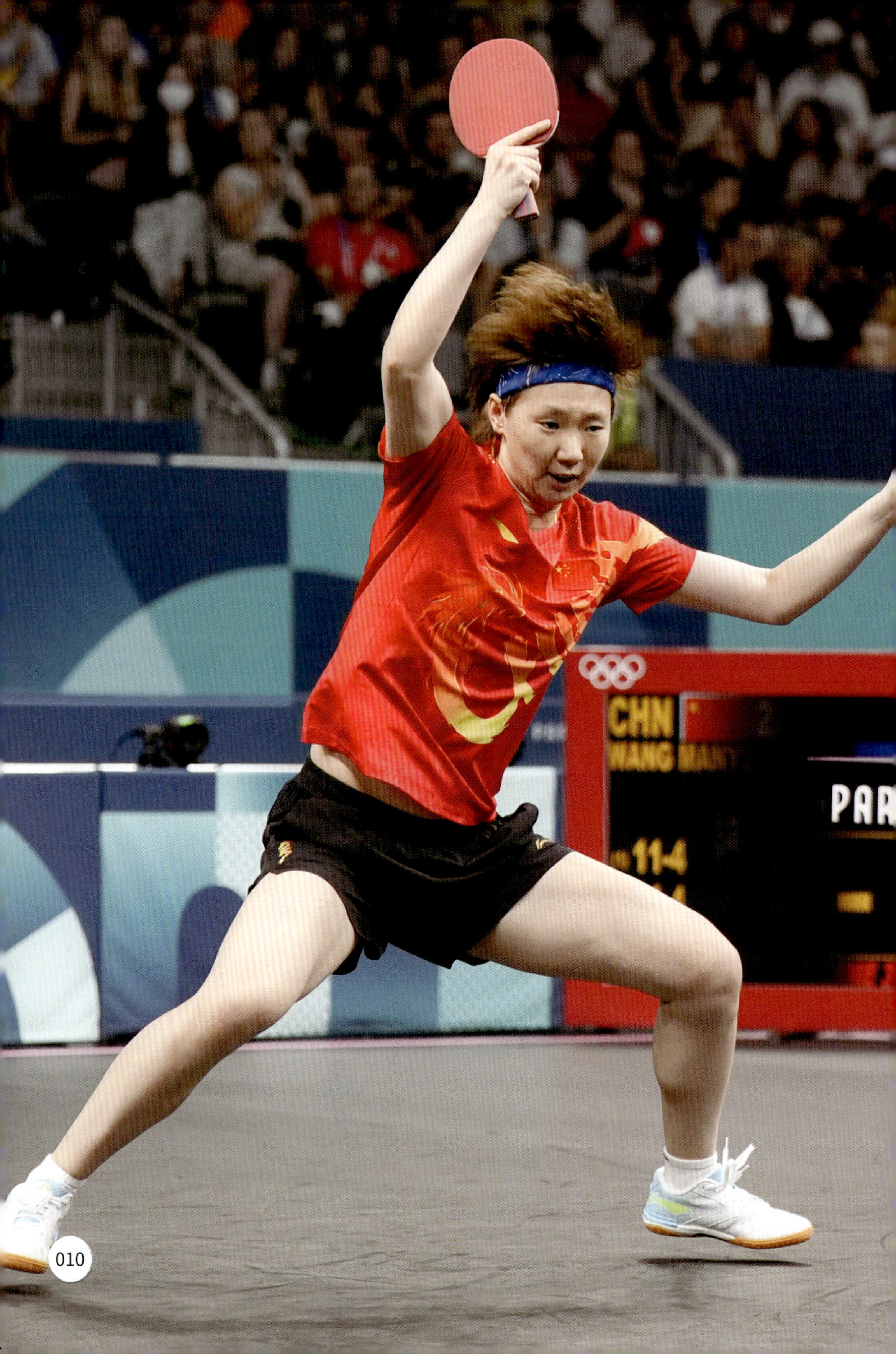
CHN
11-4

第三盘单打，王曼昱延续此前的出色状态，最终以 3 比 0（11-4，11-4，11-9）干净利落地战胜汉娜·高达，表现可圈可点。

女 团

WOMEN'S TEAMS

1/4 决赛

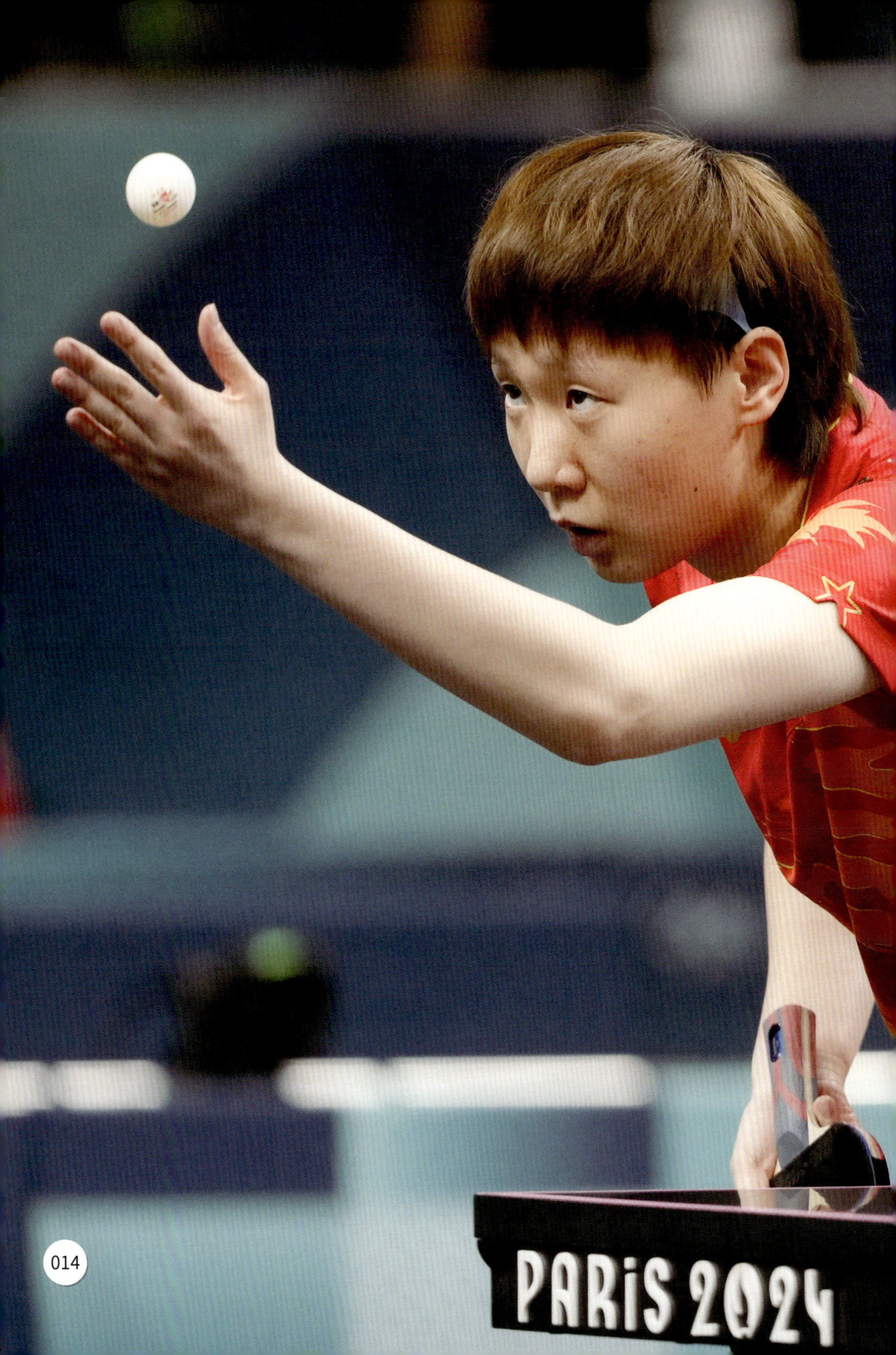
PARIS 2024

>>> **2024 / 8 / 8**

王曼昱依然承担着一双一单的任务，和陈梦搭档在双打中击败陈思羽/简彤娟后，她在第三盘单打中气场强大，以3比0（11-7，11-8，11-4）零封简彤娟。

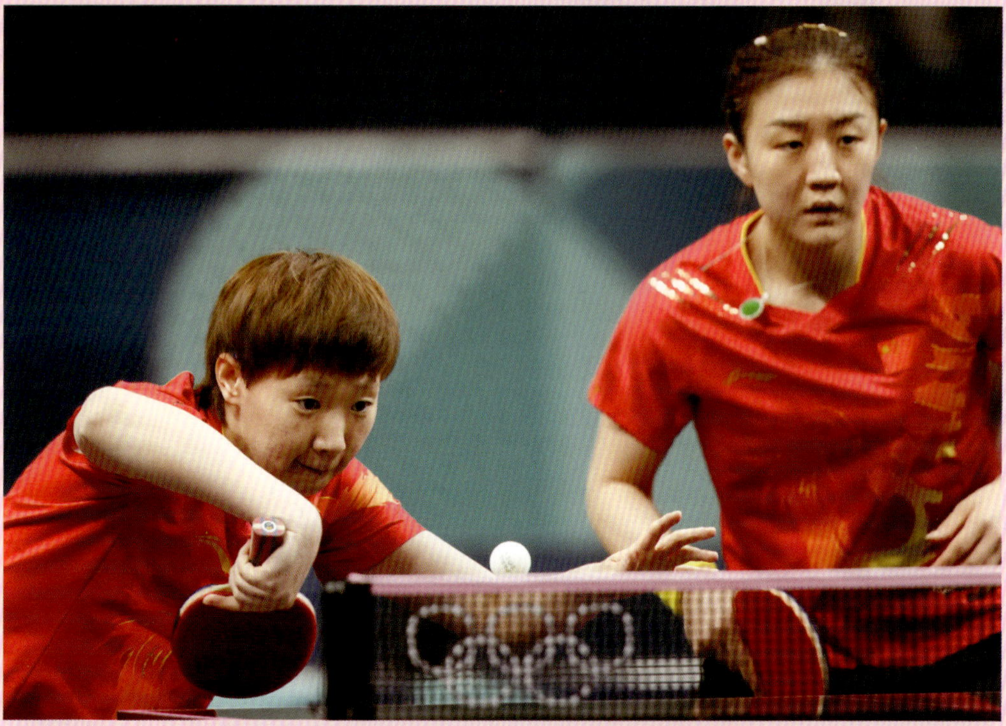

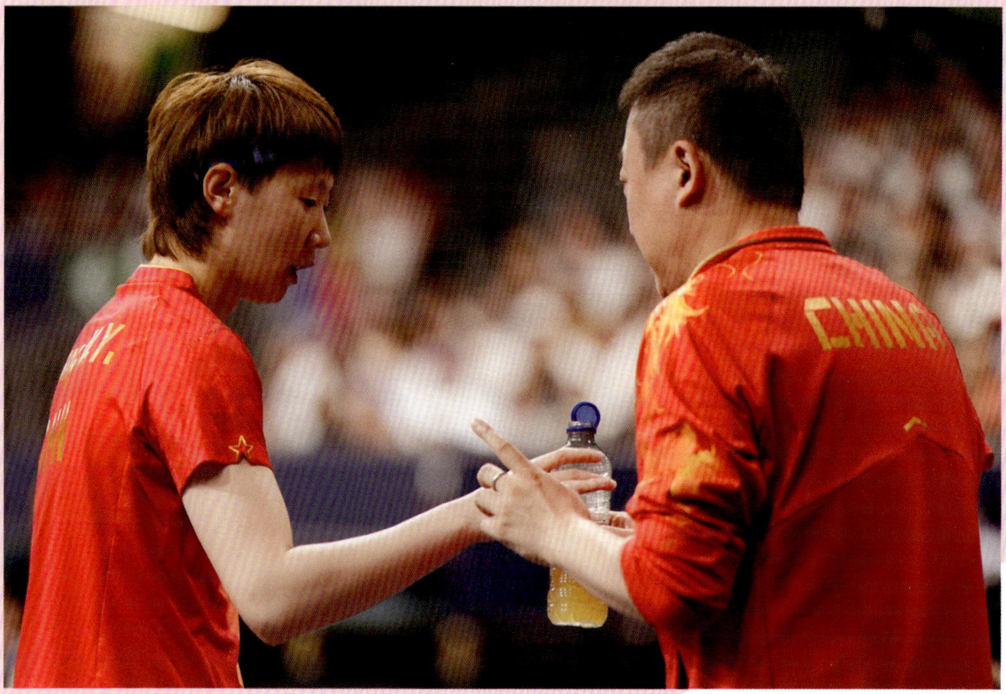
CHINA

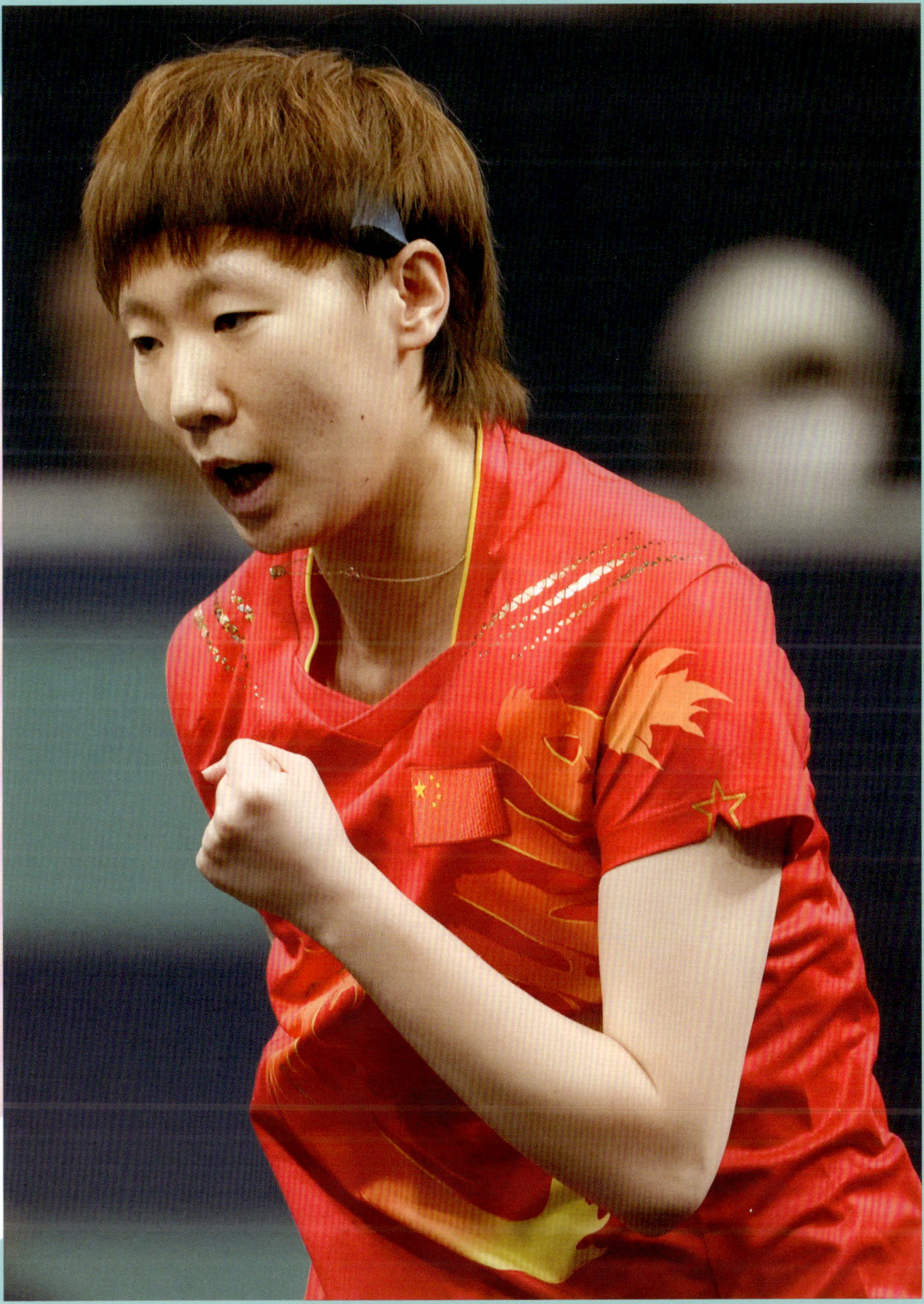

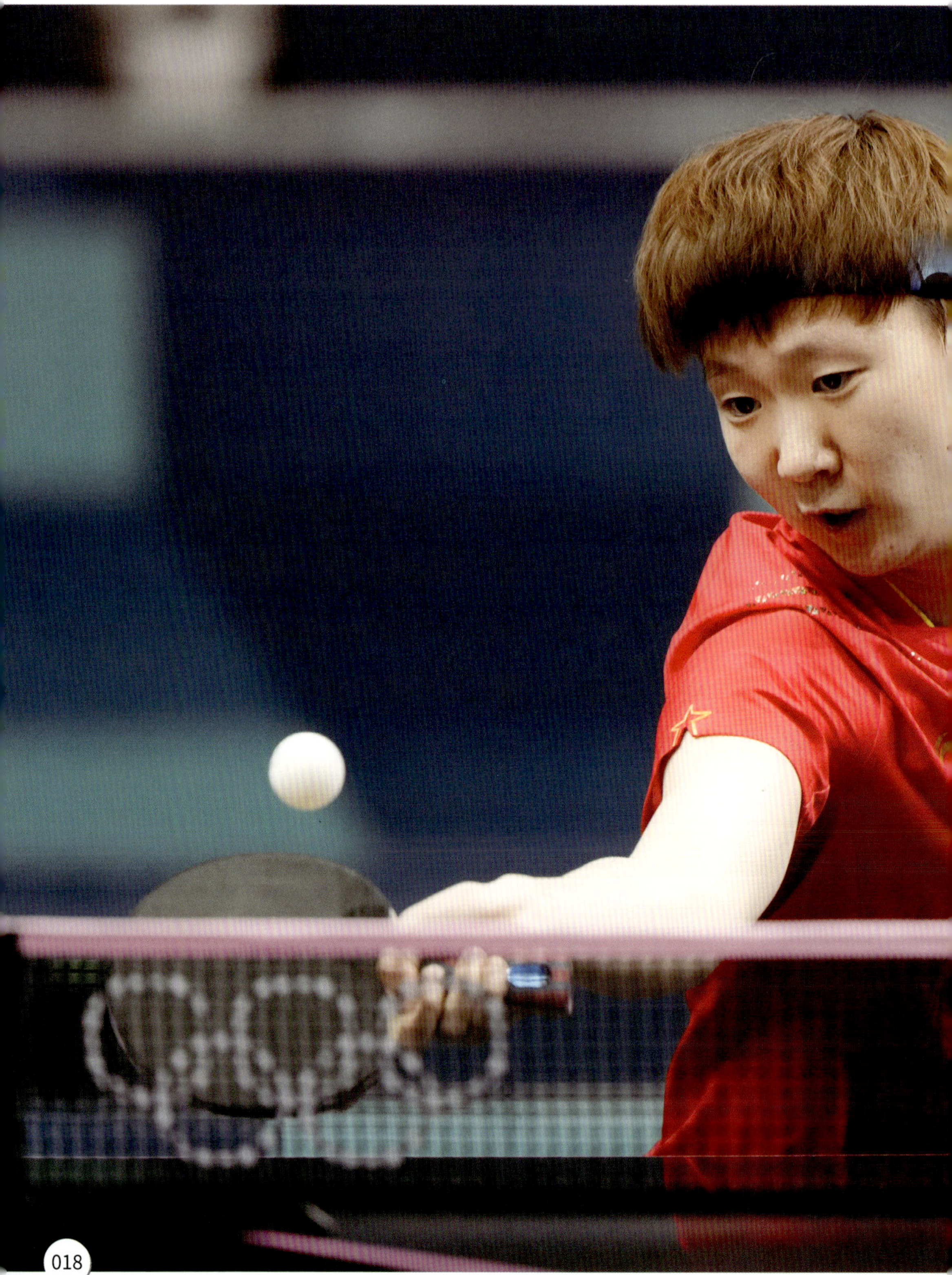

019

女 团

WOMEN'S TEAMS

半 决 赛

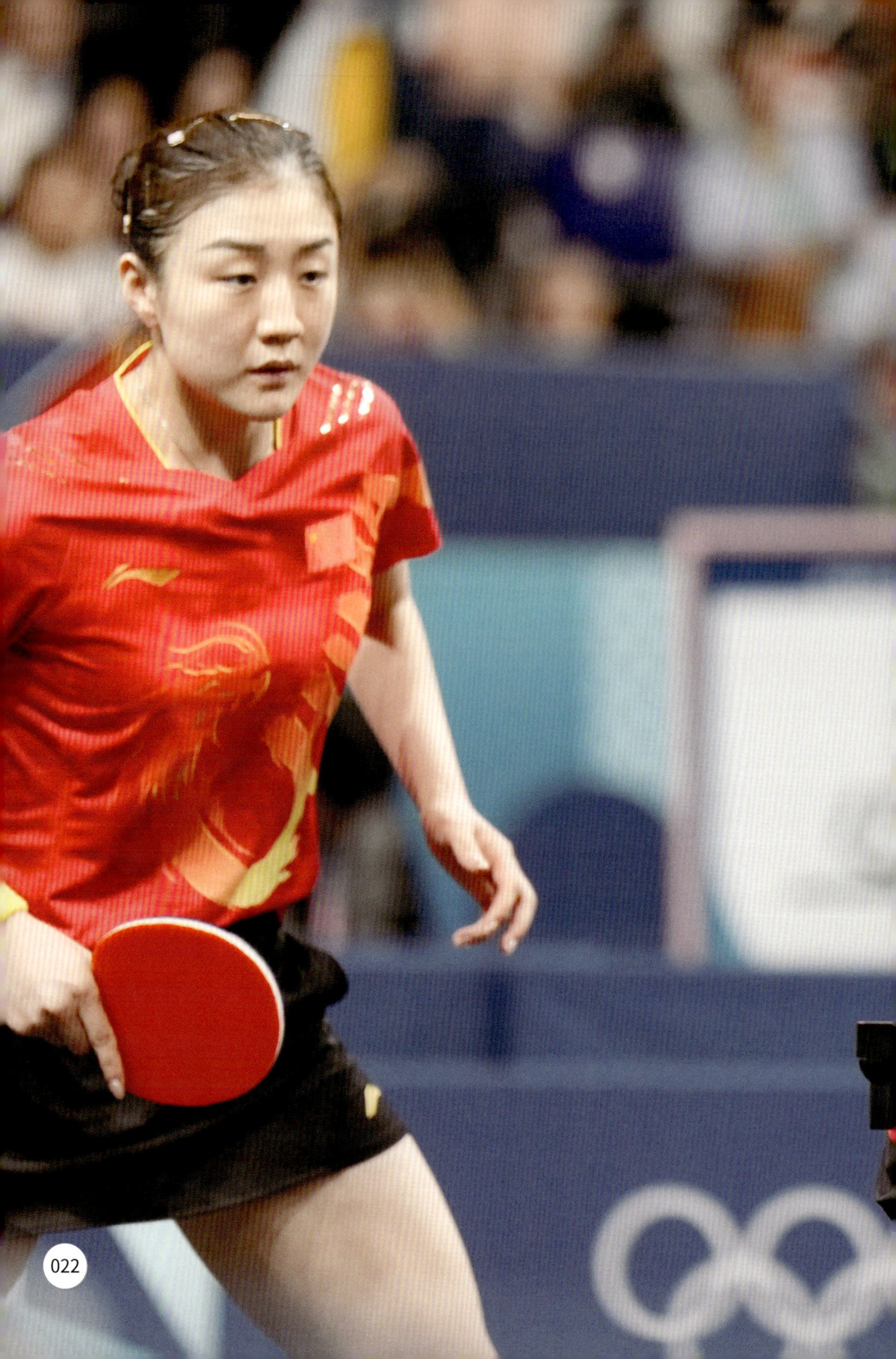

>>> **2024 / 8 / 8**

中国队迎来了韩国女乒的挑战，陈梦/王曼昱保持优势，打响挺进决赛的第一枪。

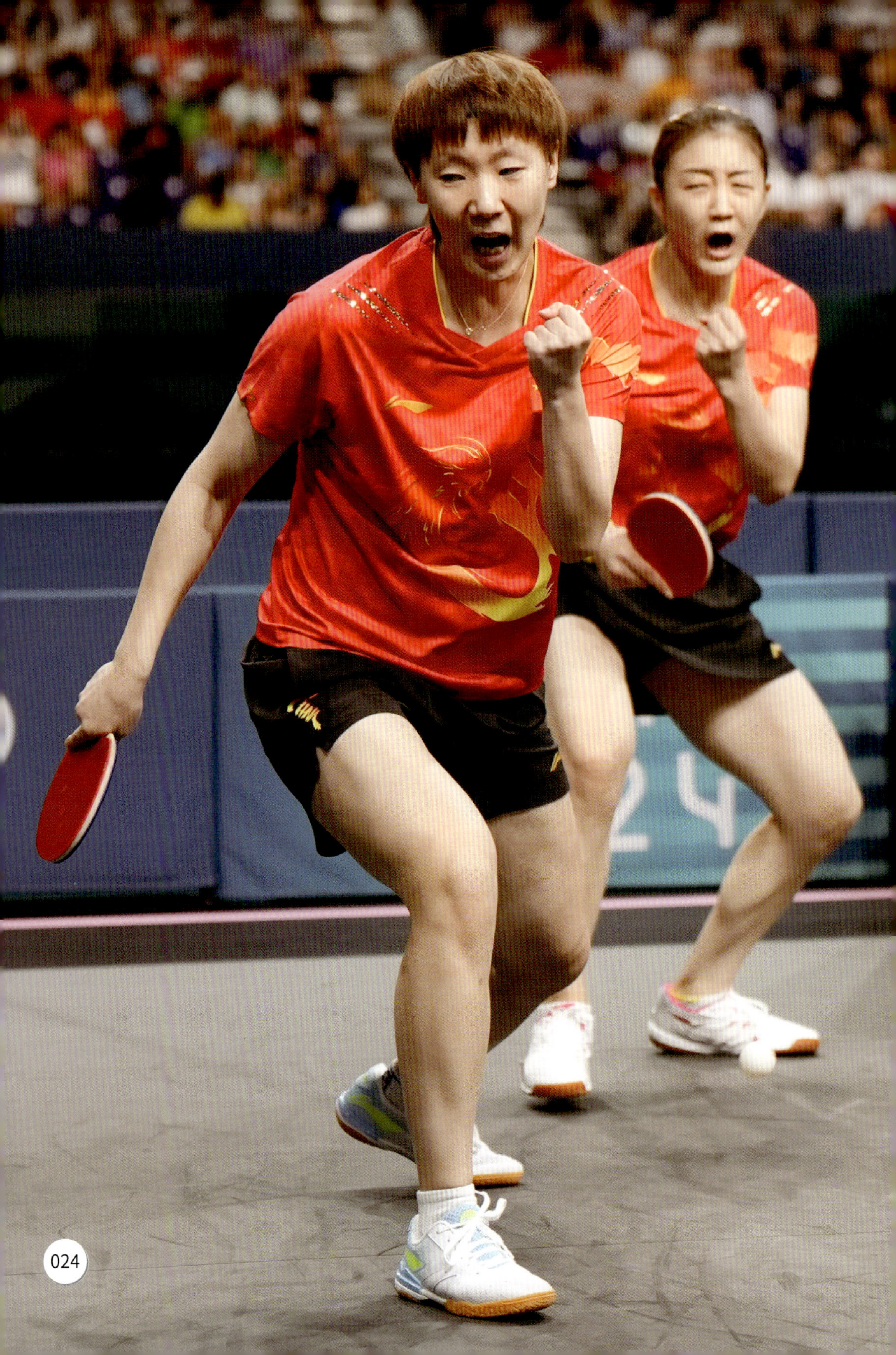

025

第三盘单打，王曼昱完全罩住了对手的搏杀，以 3 比 0 （11-3，11-7，11-3）凌厉地终结了比赛。

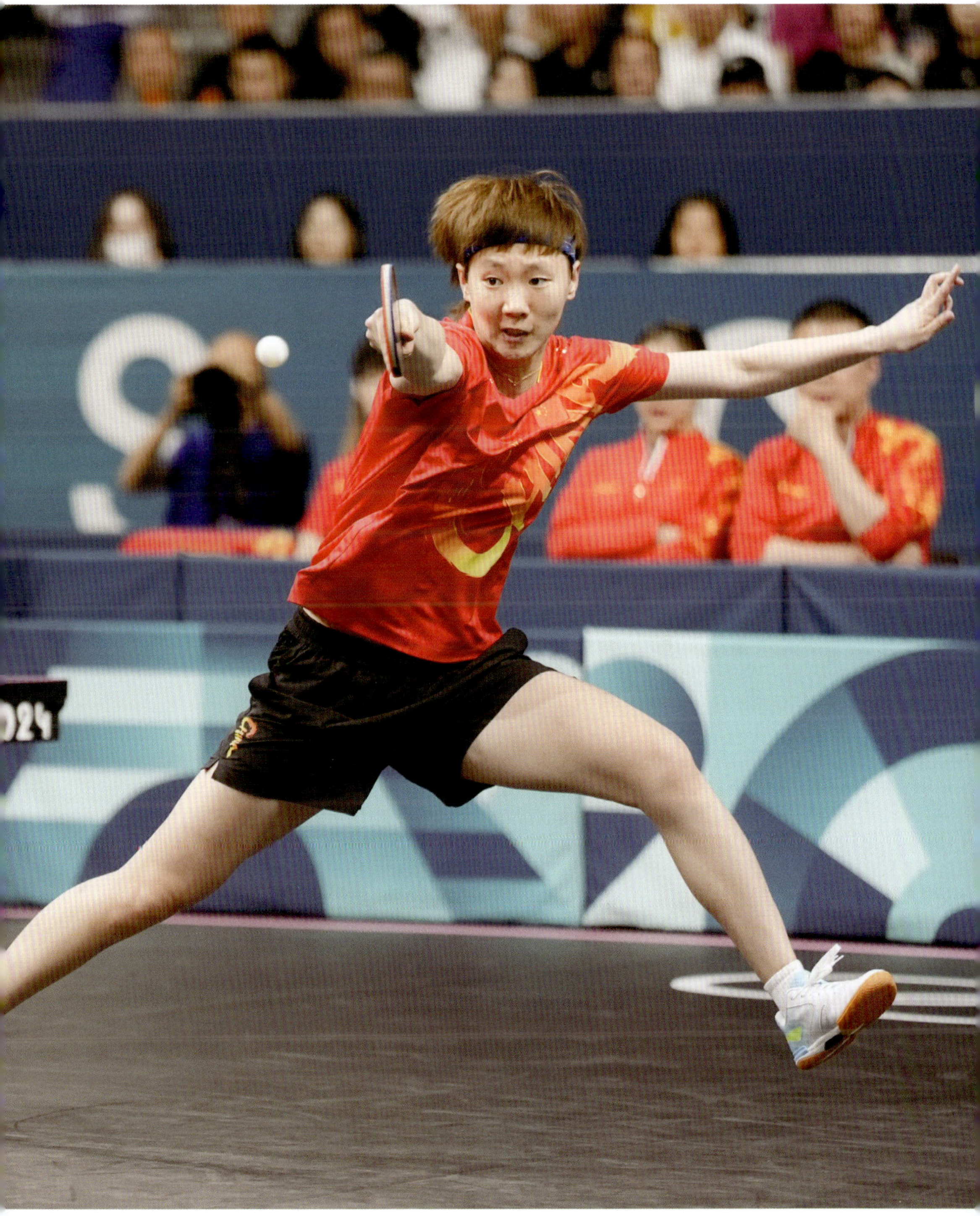

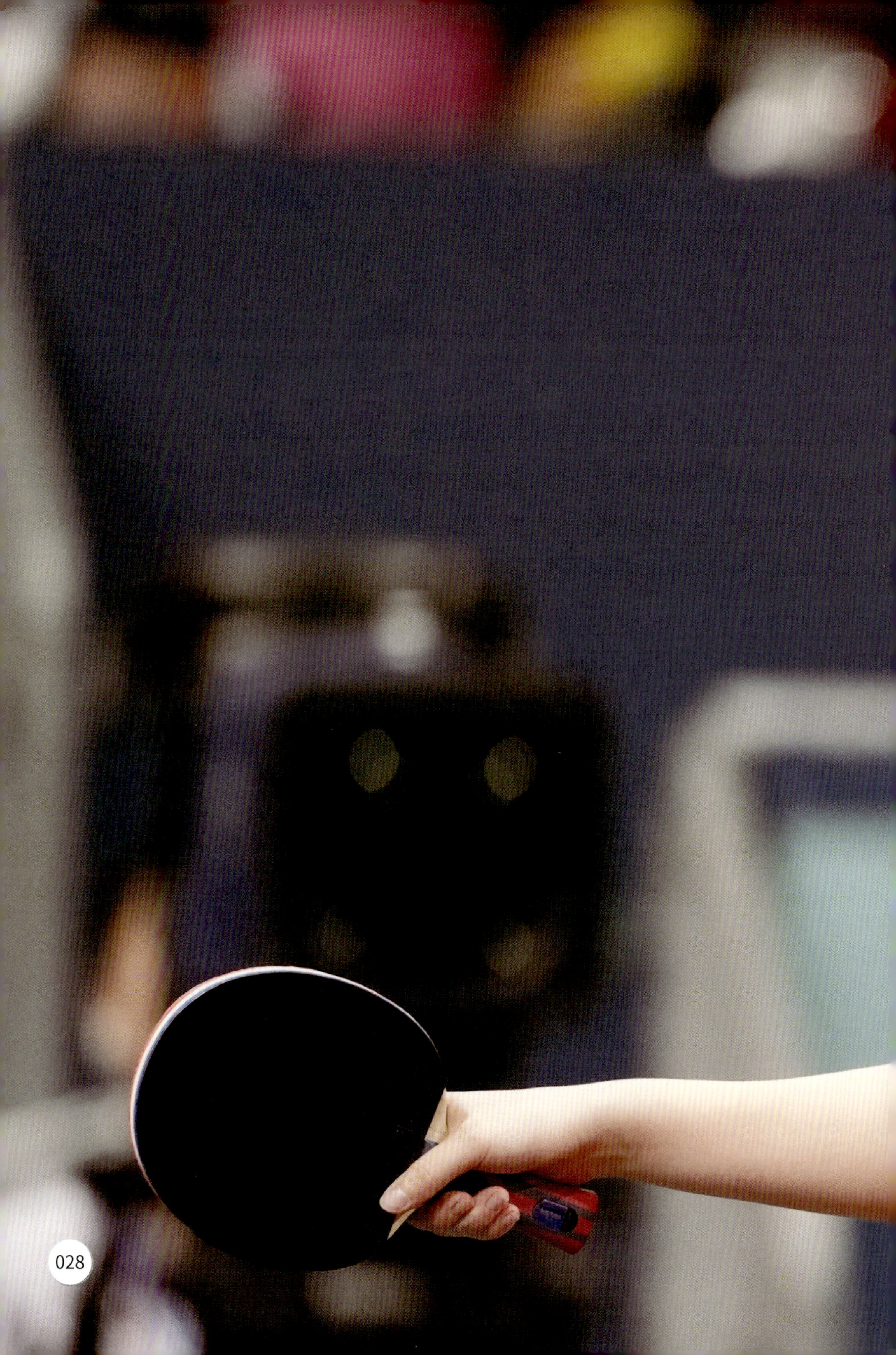

029

女团

WOMEN'S TEAMS

决赛

PARiS 2024

>>> **2024 / 8 / 10**

女团决赛，是王曼昱经历的第二次奥运会团体决赛。首盘比赛，她与陈梦完美配合，逆转战局。

034

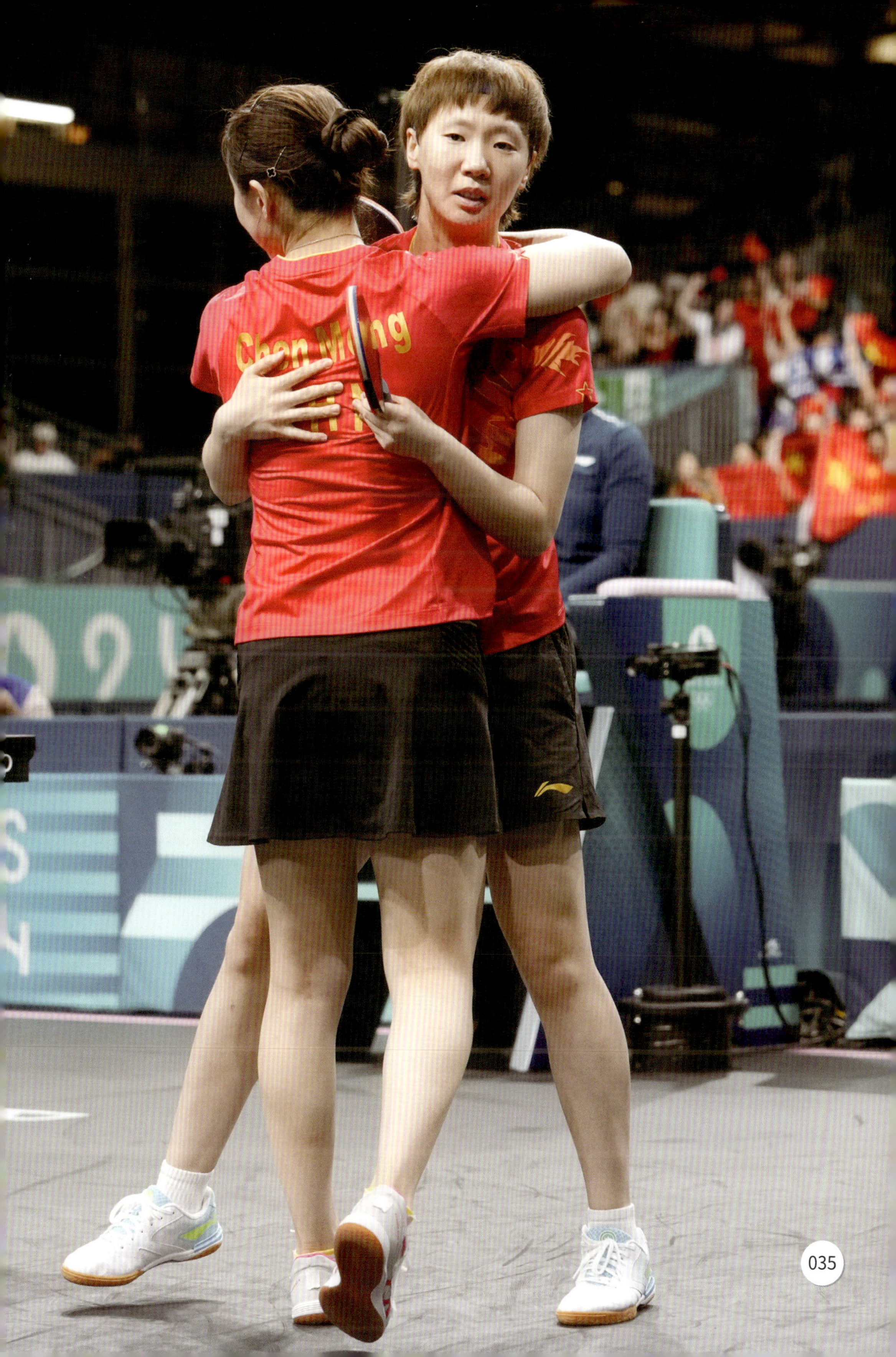

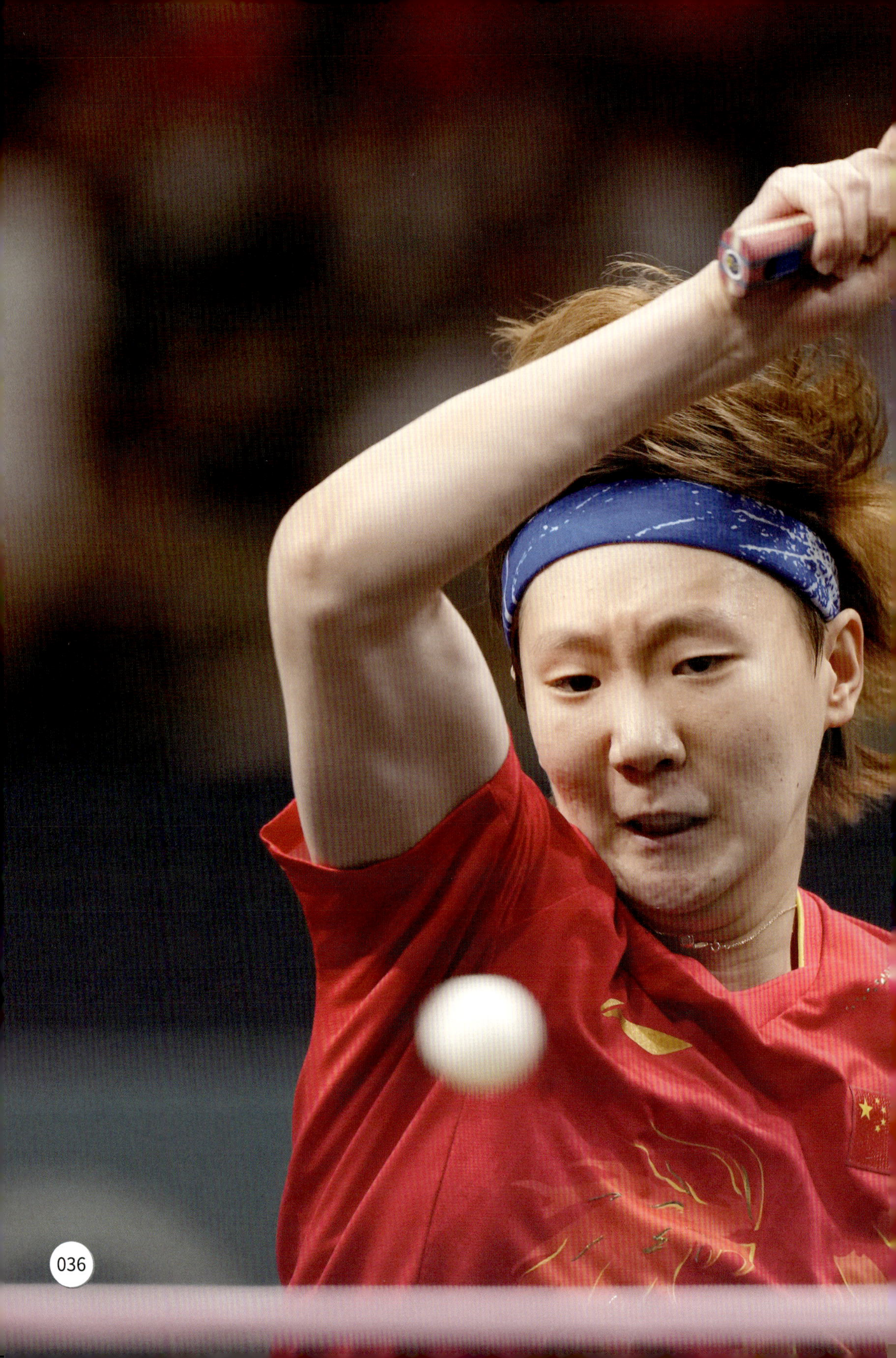

第三盘单打，虽首局失利，但王曼昱及时调整心态和战术，通过攻防两端密不透风的表现打退张本美和，最终以3比1（12-14，12-10，11-7，11-6）决胜关键瞬间。

在巴黎，王曼昱拿到了职业生涯的第二枚奥运金牌。

图书在版编目（CIP）数据

这里，群星闪耀：乒坛典藏·绽放巴黎.坚韧的力量——王曼昱/《乒乓世界》编辑部编著. -- 北京：人民体育出版社，2025. -- ISBN 978-7-5009-6575-6

Ⅰ.K825.47

中国国家版本馆CIP数据核字第2024HW6246号

这里，群星闪耀：乒坛典藏·绽放巴黎.坚韧的力量——王曼昱

《乒乓世界》编辑部 编著
出　　版：人民体育出版社
发　　行：人民体育出版社
　　　　　北京长江新世纪文化传媒有限公司
承印者：天津盛辉印刷有限公司印刷

开本：710×1000　16开本　　印张：35.25　　字数：123千字
版次：2025年3月第1版　　印次：2025年3月第1次印刷
书号：ISBN 978-7-5009-6575-6
印数：1—10,000册
定价：236.00元（全套）

版权所有·侵权必究
购买本社图书，如遇有缺损页可与发行与市场营销部联系
发行电话：（010）67151482
社　　址：北京市东城区体育馆路8号（100061）
网　　址：www.psphpress.com